위대한 고백

| 시인의 말 |

  나는 주로 새벽에 글을 쓴다. 밤은 잠을 자라고 주신 하나님의 은혜여서 충분히 잠을 자기 때문이다. 그런데 새벽엔 거의 수필 등 산문(散文)을 쓰고 시(詩)는 아무 때나 생각이 나면 써내려가는 편이다. 그 이유는 시는 작정하고 쓸 수가 없어서 그렇다. 시의 속성은 그만큼 원시적이고 본능적이다.

  그렇다면 왜 나는 아직도 시를 쓰는가? 시는 때론 나에게 마음의 노래가 되어주기도 하고, 추운 겨울 나를 감싸주는 따뜻한 외투가 되어주기 때문이다. 어디 그뿐인가. 시는 나에게 세상을 아름다운 존재로 느끼게 하는 힘이 되기도 한다. 더욱이 아내를 하늘나라로 보내고 나선 시를 생각하고 백지에 옮기는 순간은 나에게 시간을 잊게 해주는 것 같다. 그래서 그만큼 시에 천착(穿鑿)하는지 모르겠다.

  요즘도 나는 창작의 시간이야말로 내가 아름답게 살고 있다는 것을 확인하는 시간임을 믿고 있다. 여기 실린 시들은 대부분 아내와 사별하고 나서 쓴 것들이다. 그래서 애절한 대목이 많은 편이다. 독자들의 이해를 구한다. 끝으로 이 시집을 내는데 수고해 주신 출판사 관계자 여러분께 고마운 뜻을 밝혀둔다. 하늘에서 지켜볼 아내에게 '사랑한다'는 말을 전한다.

2025년 5월

저자 장석영

/ 차례 /

시인의 말 /2

1. 접시꽃

은혜 / 10
접시꽃 / 11
친구 / 12
늙는 게 좋다 / 13
피서 / 14
박꽃 / 15
그해 가을 / 16
그리움 / 17
밤안개 / 18
성탄의 기쁨 / 20

2. 별 하나

가을밤 / 24
외로운 배 / 26
공원에서 / 28
혼자라는 것 / 29
악몽 / 30
초파일 / 32
고향 풍경 / 33
하늘 동반자 / 34
별 하나 / 35

3. 행복한 사람

별이 된 당신 / 38
천국 편지 / 40
물처럼 / 42
행복한 사람 / 44
행복한 여행 / 46
노을 / 47
창 밖에 비는 내리는데 / 48
오늘의 기도 / 49
성묘 / 50
내 마음 / 52

4. 커피를 마시며

추상(追想) / 54
어둠 / 55
커피를 마시며 / 56
나이 값 / 57
더 높은 곳을 향하여 / 58
내일의 힘과 비상을 위해 / 60
평화 / 62
해는 다시 뜬다 / 64
텃밭에서 / 66
세월이란 녀석 / 67

/ 차례 /

5. 찔레꽃 피면

봄의 소리 / 70
산유화 / 72
봄꽃 / 73
꽃비 내리던 날 / 74
고향길 / 76
행복해 진다는 것 / 78
오월 찬미 / 79
찔레꽃 피면 / 80
무슨 맛에 사느냐? / 82
진달래 / 83

6. 임자 없는 시

인연(1) / 86
인연(2) / 87
아버지 모습 / 89
7월의 밤 / 90
인생의 향기 / 91
임자 없는 시 / 92
하얀 밤 지새우며 / 94
비 / 95
그 길 / 96

7. 위대한 고백

할미꽃 당신 / 98
세모 / 99
위대한 고백 / 100
여백 / 102
하나님 / 103
영웅의 이름으로 / 104
아침이여 오라 / 106
외로운 길 / 107
마음의 등불 / 108
한겨울 밤 / 109

8. 반달

강(江) / 112
이별 / 113
빈방 / 114
산다화(山茶花) / 115
반달 / 116
천사의 눈물 / 117
할미꽃 한 송이 / 118
천둥 / 119
여자의 길 / 120
그리움 / 122

/ 차례 /

9. 9월이 오면

사랑 / 124

저녁 바닷가 / 125

달 / 126

단풍 / 127

폭염 / 128

여름 한낮 / 130

가을이 오는 소리 / 132

장맛비 / 134

9월이 오면 / 136

독백 / 137

- **작품해설_ 위대한 고백 / 138**
  신상성(문학평론가. 서울문예디지털대 초대총장)

1.
접시꽃

은혜
접시꽃
친구
늙는 게 좋다
피서
박꽃
그해 가을
그리움
밤안개
성탄의 기쁨

은혜

이른 아침 숲길을 걷다
들꽃이 보내는 미소에
작은 행복감에 젖어본다

숲에서 은은히 들려오는
풀벌레의 속삭임은 벌써
가을이 오는 소리 같다

계곡을 따라 흐르는
맑은 물소리로 귀를 씻고
찌든 마음도 씻어낸다

나뭇잎 사이로 빗겨드는 햇살
잠에서 깬 새들이 날아다니며
세상은 살만하다고 일러준다

안개 자욱한 봉우리에 올라
가슴을 열고 숨을 토하면
맺힌 한 풀리니 은혜 아닌가

접시꽃

살포시 눈웃음 짓다가
앵도라져
여린 가슴 강물로 넘친다

꿈속에서도 못 잊어
그대 목메어 불렀고
절절한 슬픔을 건너
메아리로 찾았다

그날 우린 다시 만나
꽃가지 꺾어 눈빛 모아
다순 정 나누며

아침을 빚기 위해
어둔 밤 지새 듯
사랑을 맺기 위해
꽃잎 떨어지는
아픔을 가졌다

아, 그대는
나의 영원한
그림자였다

친구

친구는
존재의 집이다
등불이고
휴식처다

그리고
인생에서 조언자다

뜨거운 만남과
뜨거운 헤어짐을
같이 살아가는
뜨거운 눈물이다

서로 만났다가
헤어져 가야하는
운명이다
보이지 않는
미래의 먼 여행길을

늙는 게 좋다

사람들은 대체로 늙는다는 걸 싫어하지만
하루하루 늙어가는 나는 오히려 늙는 게 좋다
귀가 어두워져 듣기 싫은 소리 안 들으니 좋고
눈이 흐릿해져 못 볼 것 안 보니 좋다
여기에 흰 머리칼 많아지니 버스나 전철 타면
젊은이들이 앞 다퉈 자리내줘 좋고
일찍자고 일어나면 멋진 시구(詩句)도 얻어 좋다
때론 인터넷으로 고전음악부터 현대음악까지
마음대로 골라 들을 수 있으니 좋고
이따금 인생 동반자와 아름다운 산천찾아
동행하면서 주님의 은혜 만끽하니 좋다
집안에선 한가히 누워 손자 녀석
재롱떠는 모습에 시간 가는 줄 모르니
이만하면 살기 위해 동분서주 하는
젊은이들 신세보다야 훨씬 낫지 않은가

피서

섭씨 30도를 웃도는
한여름 복더위에
마을 앞 냇물에서
멱 감던 날을 생각하며
수돗물로 세수를 하노라면
문득 돌아가신 아버지 생각
그 분은 늘
외출하셨다 들어오시면
수돗가에서 등목을 마치고
윗도리를 걸치면서
환한 얼굴로
너털웃음으로
그윽한 사랑으로
찌는 무더위를 이겨내셨다

박꽃

마당 끝에 눈 여겨둔
공터 하나 있어

해거름에
씨 한 톨 땅에 남기고

한동안 잊고 지내다
어느 날
살포시 웃음 짓는
모습에 넋을 잃었다

여기 저기 주저앉은
꽃들이
저리도
아름다운데

쌓여만 가는
죄의 무게는
어찌합니까

그해 가을

소복을 한 젊은 여인이
묘비 앞에 선채로
가을비를 맞고 있다

무슨 사연일까
여인의 얼룩진 사연은
울음소리로 흐느낀다

만수향(萬壽香)타는 내음이
비바람에 부서져 내리고
검은 옷차림의 어린 남매가
여인의 옆에 서 있다

검은 우산을 쓴 몇몇 젊은이들이
현충탑에 이르러 가슴을 여미며
헌화한 뒤 오열을 삼킨다

그해 가을은 슬펐다

그리움

비 내리는 날이면
그리운 얼굴 아른거리고
미처 붙잡지 못하고
돌려보낸 당신
눈물만 흘러내린다

사랑할 수 없는 거리
마음이 울적해지면
시리도록 하얀 입김은
그림자 되어 사라진다

사랑하는 마음은
날마다 무성하게 자라고
나는 날마다 쓸쓸해지고
저마다 우울했던 그 시절
그리워 그리워서
빈 가슴에 남은 당신

밤안개

하늘 아래
하얀 꽃가루
흩날릴 때면
어둠을 가르는
마른기침 소리

욱신대는
신열로
한낮을 보내고도
나도 모르게
쌓이는 그리움

혼자 방황하다
접어든 고향 길
물기 밴 눈가에
머무는 봄바람

아무도 잠들지 않은
초저녁
늙은 아비 생각에

뜨거운 가슴으로
자욱하게 퍼지는
밤안개

성탄의 기쁨

아기 예수 오셨네
낮고 천한 마구간에 오셨네
독생자의 영광 보게 하시고
은혜와 진리 깨닫게 하시니
우리 모두의 기쁨이로세

죄 많고 어리석은 우리들
사랑하시어 종의 형체 입으시고
우리 가운데 오시게 하신 크신 뜻
새기며 엎드려 감사기도 드리리

어부와 세리와 창녀의 친구 되신 당신
머리에 가시관 씌우고 조롱하고
침 뱉고 십자가에 못 박아도
저들의 죄 사함 위해 기도하신
당신의 넓고 깊은 사랑 기억하리라

자기를 내세우며 인정받기 원하고
섬김 받으려고만 하는 저희들
용서하시고 죄 사함 주시니
당신처럼 낮아지고 섬길 줄 알게 되었네

오늘 아기 예수 오심은
하늘엔 하나님께 영광이요
땅에서는 사람에게 평화 되었으니
영원히 하나님의 자녀답게 살리라

2.
별 하나

가을밤
외로운 배
공원에서
혼자라는 것
악몽
초파일
고향풍경
하늘 동반자
별 하나

가을밤

귀뚜라미 노래하는 창밖에
달빛이 밀물처럼 밀려오네요

달은 창문을 지나 거실로
조용히 들어와 앉네요

동해바다 물결처럼
푸른 가을밤입니다

당신도 저 높은 곳에서
저 달을 보고 계시겠죠

허공을 향해 띄우는
나의 독백이랍니다

사랑한다는 말

글로는 다 쓸 수 없네요
어느 색깔로도 다 표현이 안 되네요

오늘도 잠 못 들어 뒤척이다가
그 많은 은하수 쏟아지던 밤을 지나
그리워 그리워서 불러봅니다

다시 허허벌판을 지나
당신한테로 달려가다가
힘이 부쳐 잠시 쉬는 사이
어디선가 고운 목소리 들리네요

그대의 향기로운 음성인가
사랑한다는 말

외로운 배

아내는 정말 부지런했다

계절이 아무리 바뀌어도
새벽에 약국 문 열면
자정에 가까워야 닫았다

아이가 졸려서 칭얼대면
포대기로 업고 달래며
혼자서 약을 짓고 팔았다

취객의 허튼소리도 듣고
무뢰한의 생트집도 받으며
좋은 말로 달래 보냈다

야간 취재로 늦는 남편
이제나 저제나 기다리다
문 닫기 직전 들어서면
저녁밥부터 먼저 챙겼다

그런데 지금
왜 이리 화가 나는가

나보다 먼저 떠난 게 내 탓 같다는
생각이 나를 짓누른다

그래 나중에
나도 당신 곁으로 가면
우리 천국에서 손잡고
행복한 웃음 웃으며 살아보자

공원에서

혼자 있는 자가
행복할 수 있다
서두르지 않는 발길
그림자도 그렇다

공원 벤치에
침묵이 잠들 때
아, 당신은 고독한 영혼

혼자 있는 자가
아름다울 수 있다
천천히 옮기는 발길
그림자도 그렇다

혼자라는 것

자정을 훨씬 지나
잠이 깨서 불을 켜면

온 세상 보이는 것
들리는 것
나 혼자뿐이다
첩첩 산중처럼
이렇게 철저히
어둠속에 갇혀 있을까
인간은 외로운 존재
이 고독감
조물주는 마지막에
누구에게나 이렇게
잔인하단 말인가
사랑하는 님아!
오, 별이 된 사람아!

악몽

키 큰 갈대밭이었다
아내와 같이
손잡고 들어갔다
갈대를 배경으로
사진을 찍다가
그만 아내를 잃었다
여보!
여보!
아무리 불러보아도
내 목소리는
안으로 기어들어가고
아내는 대답이 없다
아내도 나처럼
갈대밭 어딘가에서
나를 찾고 있을 것이다
갈대 잎은
바람이 부는 것도 아닌데
어석어석 소리를 내며
흔들리고 있었다
소름이 돋는다
아내가 입구 반대편

정자 옆에서 부른다
나는 목청껏 대답하고
나의 목소리는 자꾸
안으로 기어들어간다
흔들리는 갈대 따라
나도 할 수 없이
흔들리고
잠에서 깨어보니
덥지도 않은데
땀으로 흥건했다

초파일

아카시아 꽃잎
떠다니는 논물 속에
산이 거꾸로 누운 계절

산사(山寺)로 가는 자가용
줄을 잇는 사이 도로 양쪽은
옥양목 부녀자들로 가득하다

평생을 절에 다니셨어도
반야심경 한 줄 모르는
까막눈의 어머니이지만

초파일만 되면 아침 일찍
쌀 한말 이고 부처님 전 찾아
언제나 가족 위해 합장하셨다

고향 풍경

영인천 둑방길 따라
귀가하는 고운 저녁놀
개울물소리에 이끌려 내려와
목욕하다가
무논의 개구리 울음소리에 놀라
급한 마음 골목길로 들어서면
달빛 가득 품고 다가오는 골짜기
먼 산의 부엉이 울음소리

하늘 동반자

나는 구름입니다
발 없는 구름입니다

친구의 손잡고
살아가는 구름입니다

바람은 이 세상
하늘의 동반자

어느 날
내가 사라지던 날

하늘엔 바람만
혼자 남아돕니다

나는 하늘에 떠가는 구름
바람 따라 흐르다
잡은 손 놓치면
바람은 외롭습니다

별 하나

왜 이렇게 허전할까
가슴 안에서
쉼 없이 반짝이던
별 하나 멀리 떠났나보다

나는 평생
그대를 안고
소리나지 않는
숨은 기도처럼 살아왔다

슬플 때나 외로울 때나
너를 믿는 마음으로
멀리 떨어져 있어도
가까이 있다는 믿음으로
너를 바라보며 살아왔다

안개 같은 이 세상
너를 바라볼 수 있다는
그 기쁨 하나로
오늘도 멀리서
소리 나지 않는 기도처럼
조용히 살고 있다

3.
행복한 사람

별이 된 당신
천국편지
물처럼
행복한 사람
행복한 여행
노을
창 밖에 비는 내리는데
오늘의 기도
성묘
내 마음

별이 된 당신

하늘은 별을 탄생하기 위해
한동안 푸른 구슬들을
토해 놓는가 보다

밤새 깊은 잠에 취했던
정원의 나무들
무거운 몸을 흔들어
서서히 어둠을 밀어낸다

고요히 숨죽이며 오는
여명의 발자국 소리
그대는 듣고 있는가

하늘은 천천히
검은 그림자를 걷어내고
새들은 여윈 날개를 들어
기지개를 켠다

가장 빛나는 별 하나
서쪽 하늘에 나타난다

유난히도 반짝이는 저 별
당신처럼 영롱한 눈빛을 보낸다

잠도 잊은 채
밤새워 온누리를 지켜봤나보다
당신을 향한 나의 마음을
알기라도 하는 것처럼

천국편지

나를 잊지 마세요
나 세상 떠나고 없다고,
머나먼 침묵의 나라로
영영 가버렸다고,

당신을 보고 싶어도
다시 볼 수 없고,
즐거웠던 순간들마저
잊혀져간다고,
날 잊지 말고
기억해 줘요

당신 혼자 남아서
삶이 바쁠 때,
행여 그럴 때라도
잠시라도 좋으니
날 잊지 말고
기억해줘요

우리가 같이 있을 때,
행복했던 일들만

생각해요
힘들었던 순간은
잊어버리세요

만약 나를 기억하다
슬퍼진다면
그 땐 잊는 게 좋아요
당신 힘들게 하긴 싫어요
그래도 시간이 한참 지나면
날 다시 기억해 줘요
사랑해요, 여보!

물처럼

낮은 곳으로 흘러가고 싶다
세상에서 가장 깨끗한 몸 되어
때로는 모래톱에 숨고
진흙 속에서 숨 쉬며
연꽃을 피우고 싶다

아침이면 자유롭게 흩어지는
영롱한 이슬 되어
불어오는 바람 따라
여기저기로 흩어지고 싶다

고요한 호수로 흘러들어
가득 채워지면
벌거벗은 여인의
흰 속살을 포옹하고
깊은 잠에 빠지고 싶다

작열하는 태양 아래
물처럼
광장의 분수 되어
푸른 잔디밭에

자유의 물줄기
마음껏 뿜어주고 싶다

한 곳에 머무르지 않고
바람처럼 자유롭게
낮은 곳으로
낮은 곳으로
더 깊게 흐르고 싶다

행복한 사람

아직도 편지를
보낼 사람이
있다는 것은
행복한 사람이다

편지를 받고 싶은
사람에게서
사랑의 편지를
받는 것보다
더 행복한 사람이다

아직도 내가
누구를
사랑할 수
있다는 것은
행복한 사람이다

내가 누구에게서
사랑을 받는 것보다
더 행복한 사람이다

나를 사랑할 사람이
없는 것보다
내가 사랑할 사람이
없는 것이 더 슬픈
일입니다

내 주위엔
슬픈 사람들이
너무나 많습니다
행복한 사람
사랑 받는 사람들보다
사랑할 사람이
없기 때문입니다

행복한 여행

죽음은
기나긴 여행입니다
돌아올 기약 없이
떠나는 여행입니다

찬란한 태양 아래
흰색 옷 입고
빈손으로
그냥
정처 없이
저 푸른 하늘로
그렇게 떠나는
행복한 여행입니다

거기서부터
진정한 자연과
하나 되어
참다운 행복이
영원히 시작될 것입니다

노을

온종일
스스로의 열로
불타던 태양

저녁 하늘을
핏빛으로 물들여 놓더니
스스로 그 속으로
들어가 잠겨 간다

아, 외롭다는 건
저 노을처럼
황홀한 순간 아닌가

창 밖에 비는 내리는데

창 밖에 비는 내리는데
구슬프게 내리는데
내 마음엔 눈물이 흐르네

가슴 속에서 솟는
이 슬픔과 괴로움
어찌 감당 하리오

거리에도
지붕위에도
울며 내리는
빗소리

더는 슬퍼하지 말자
다짐해 보건만
한없이 흐르는 눈물

이건
진정 서글픈
마음의 상처
이겨내자
저 아름다운 세상처럼

오늘의 기도

아침 출근길에
감나무에 앉아있던
까치 한 쌍이
반갑게 인사합니다

나도 고마워서
밤새 잘 잤느냐고
인사했습니다

주님,
이제 일상으로 돌아왔습니다.
하오니 아직도 이 늙은이에게
맡겨주실 사명이 남아 있다면
나라와 교회
그리고
가정을 위해
이 한 몸
다 바칠 수 있도록
인도해 주소서

오늘 하루의
기도 제목입니다

성묘

상큼하게 높아진 파란 하늘
뭉게구름에 실려 가을이 왔나 봐요

열무김치에 된장찌개 비벼먹고
당신을 만나보려고 달려왔습니다

당신이 누워있는 곳은
파란 잔디가 깔려있어요

밤새 서리가 내렸나 봐요
잔디이불로 춥지는 않았나요

찬바람 타고 단풍잎들이
사뿐사뿐 길 위에 떨어지네요

당신을 찾아오는 길 양 옆으로
쓸쓸히 들국화만 피어있었어요

당신과 만난 지 일주일이 됐네요
그런데도 무척 보고 싶었답니다

당신이 제일 사랑하는 손자 손녀와
우리가 즐겨 부르던 찬송 부릅니다

이제 당신 잠든 세월도 어렵사리
계절을 겪으며 자리 잡아 갈겁니다

노랑나비 한 마리 배웅 받으며
왔던 길로 울컥울컥 돌아갑니다

내 마음

낙엽처럼,
내 마음 흩어져 내린다
시간을 잃고
중심을 잃고
나뭇가지에서 내린다

이제,
찬바람 불고
눈 내리면
내 마음은
앙상한 나뭇가지 되리니

모든 게
스러져 가기 전에
흩어진 내 마음 조각
주워 모아
내 마음의 뿌리 밑에 두자

4.
커피를
마시며

추상(追想)
어둠
커피를 마시며
나이 값
더 높은 곳을 향하여
내일의 힘과 비상을 위해
평화
해는 다시 뜬다
텃밭에서
세월이란 녀석

추상(追想)

깊은 겨울 한복판
햇볕이 따스한 날
대공원 숲길을 걷습니다
큰 연못가에 이르러 그냥
잔디밭에 털썩 주저앉습니다
구르다 한 곳에 소복이 쌓인
낙엽을 무심코 바라봅니다
연못물은 추위에도
얼지 않고 가늘게 물결칩니다
여느 때처럼 노닐던 백조도
오늘은 보이지 않습니다.
사방엔 적막만이 흐릅니다
젊은 날이었습니다
찬란한 봄날이었지요
푸른 물결 위에서 떠 노는
백조를 희롱하며 우린 함께
연못가를 거닐었지요
아, 그 땐 청춘이었어요
지금 생각해 보니
그게 인생이었나 봅니다

어둠

어둠이 몰려오면
푸른 함성에 젖었던
하루의 일과를
조용히 덮습니다

저마다의 창에는
어둠을 밝히려는
등불이 내걸리고
귀갓길 골목을 비추는
가로등이 안부를 묻습니다

오늘도 어둠은
남루한 일상의 그림자를
가슴으로 감추어주고
더 깊은 침묵으로
밝아올 뜨거운 아침을
말없이 기다립니다

그러는 사이 나그네는
내일의 희망을 꿈꾸고
불멸의 태양을 반갑게
맞이할 준비를 합니다

커피를 마시며

둥글고 두툼한 그대의 입술
하나로 포개지는 순간
부드럽게 빨려든다

잠시 지그시 눈을 감으면
순정은 블랙홀 속으로 빠져들고
꿀처럼 감미로워지는 그대의 혀

입 안 가득 황홀한 감동 서릴 때
심장까지도 내어주고
목숨마저 버린 입맞춤
시공간을 넘어 허공을 맴돈다

나이 값

나이 한 살 더 먹은 후
벌써 이 한해도
절반이 훌쩍 지나갔구나
맛도 멋도 모르고
세월 따라 먹는 나이
연초에는 그런대로 못 느꼈지만
한 달 두 달 지날수록 얄밉고
서글퍼지기만 한다

낫살이나 먹었으면
나이 값을 해야 하는데
그 값을 전혀 의식 못하고
그저 주는대로
덥석덥석 받아먹었으니
그럴 줄 알았다면
값이나 알고 먹을 걸 그랬나 보다
아무리 생각해도
나이 값이 무엇인지
나이조차 아무 말 없으니
먹고 싶어 먹은 게 아니고
그냥 세월이 먹여주는 걸 어떻게 하나
변명이라도 해보아야겠다

더 높은 곳을 향하여

아이야,
역사에서 보면
세상에서 위대했던 사람은
단번에 그처럼 높은 곳에
오른 것이 아니라는 것을 알 수 있단다

위대한 사람은
대부분 다른 사람들이
깊은 잠에 빠져 있을 때
자신은 깨어서 일에 열중했던 것이다

어느 유명한 분이
이런 말을 남겼다
인생의 묘미는 자고 쉬는 데 있지 않고
한 걸음 한 걸음 앞으로 나아가는데 있다고

아이야,
너는 이제 성인이 되었다
네 스스로 결정하고 행동해야 한다
그러므로 지금부터는 더 열심히
인생을 살아가야 한다

자고 쉬는 것을 줄이고
더 빨리 더 많이 전진하자
더 높은 곳을 향하여

내일의 힘과 비상을 위해

시련과 환란이 지속된 한 해
태양은 세모를 향해 시나브로
붉은 노을을 남기고 이별을 고한다

세계의 거센 항의에도 불구하고
원자탄과 미사일 실험을
시도 때도 없이 이어가는
북한의 위협은 계속됐다

나라 안은 혼돈의 굴레 속에서
아직도 허우적거리며 나락으로
떨어져 가기만 한다
하지만 악몽의 병신년 한 해도
마침내 서녘으로 저물어간다

너무 어두워 앞길이 보이지 않는
암울한 시간의 연속이지만
5천만 국민들은 한 뜻이 되어
좌절과 절망을 딛고 일어나
희망의 내일을 일구어낼 것이다

그리하여 정유년 새해에는
내우외환을 반드시 극복하고

사랑과 우애가 넘치는 나라
평화가 강물처럼 흐르는
살기 좋은 나라를 건설할 것이다

과거 우리는 지금처럼
험난하고 어지러웠던 시절에도
힘을 합쳐 누란의 위기를 이겨낸
소중한 경험을 갖고 있다

오늘, 세상이 아무리 어려워도
내일의 힘찬 비상을 위해
조용히 넓게 관망하면서
실력을 쌓아 난국을 헤쳐 나갈
기상과 패기를 드높여 보자

한 해를 보내는 이 순간
절망하기보다 새로운 희망으로,

남을 미워하기보다 사랑으로,
서로 다투기보다 용서하므로,
새해를 가슴으로 대망하자

그리고 우리의 고귀한
민족정신을 널리 실천할
웅지의 나래를 활짝 펴
다 함께 힘차게 날아오르자

평화

초겨울 아침
밖은 바람이 불고 추우나
집안에 드는 햇살은 따뜻하다
거실 유리창을 통해 들어오는
빛줄기엔 오색 무지개가 찬란하다
이 나라와 민족에게 비추는 서광이리라

햇살을 뒤로한 채 팔짱을 끼고
한쪽 벽에 걸려있는
나의 화상을 바라보고 서 있다
내가 강의하는 모습을 그린 것인데
오래전에 제자들이 선물한 것이다

식탁 옆 벽에는
정물화가 한 점 걸려있다
칠순 때 S대 미대 교수로 있던 친구가
생일을 축하한다며 보내온 것이다

마루 한쪽에 놓여 있는 라디오에선
런던 심포니오케스트라가 연주하는
베르디의 레퀴엠이 흐르고 있다

아내가 부엌일을 하는 동안
커피 한 잔 탁자에 올려놓고
소파에 앉아 지그시 눈을 감아본다

벽에 걸려 있는 시계는
어느새 정오를 가리킨다
아침부터 지금까지
탁자 위의 전화나 손 전화는
단 한 번도 울리지 않았다
이 평화가 오래 지속되도록
두 손 모아 간절히 기도한다

해는 다시 뜬다

유유히 흘러가는 강물처럼
이 밤 내내 평온하지 못하고
마음이 고요하지 않으니
어쩐 일인지 모르겠습니다
밤낮 없이 찾아드는 이 서글픔
혼자의 힘으론 벗어날 수 없으니
이 기나긴 밤을 어찌 보냅니까

달님은 머리 위에서 미소 지으며
가슴 속 응어리를 삭이라 하고
별들은 눈 속에 들어와 반짝이며
전혀 불안해하지 말라 하는데
평화가 마음에서 떠나간 지금
용기와 사랑이 식어버린 지금
남은 것은 절망뿐입니다

정말이지 이렇게 크나큰
괴로움을 가슴에 움켜쥐고
슬픈 밤을 보내기는 처음입니다
그래도 하룻밤을 지새우고 나면

남는 것은 내일이라는 시간들
해는 다시 뜬다는 희망과
다시 만남을 기다리는 시간뿐입니다

텃밭에서

씨 뿌려 농사지은
푸른 열무 잎 솎다가
흙 묻은 신발 벗고
농막 마루에 앉았더니
이따금 지나는 시원한 바람이
땀을 말려준다
높아서 푸른 하늘에
흐르는 뭉게구름
호미에 걸려 있고
계절을 유유자적하는
나비 한 마리
만발한 들꽃에 앉아
꽃잎에 입맞춤하기 바쁘다
아, 어찌 부럽지 않은가
어둑해지는 하늘 보고
흙 끼인 손톱 개울물에
말끔히 씻어내고
팔 베게 하고 누워서
내일 아침
밥상에 식구들과 둘러앉아
시원한 열무김치
맛볼 생각을 하니
웃음이 절로 난다

세월이란 녀석

오랜만에 동네 이발소에 가서
덥수룩하게 자란 머리
깔끔하게 이발하고
면도까지 하고 나니
이발소 아저씨 하는 말
한 십년은 젊어졌단다
그 말에 혹해서
얼른 거울을 들여다보니
거울 속에서
세월이란 녀석이
빙그레 웃고 있었다

5.
찔레꽃 피면

봄의 소리
산유화
봄꽃
꽃비 내리던 날
고향길
행복해 진다는 것
오월 찬미
찔레꽃 피면
무슨 맛에 사느냐?
진달래

봄의 소리

종달새 하늘 높이 치솟아 오르고
봄바람은 솜털처럼 포근한 숨결로
파란 보리밭을 가로질러 달려오면서
가시랭이마다 달콤한 입맞춤을 한다

긴 겨울잠에서 깨어난 초목들은
이파리마다 초록빛을 더해가니
이제 힘겹고 추웠던 계절은 끝이어라

슬픔이 기쁨이 되어 다가오고
너와 나 행복 속에서 믿음을 되찾으니
따스한 봄볕이 두 팔 크게 벌려
다정한 미소로 누리를 감싼다

생기 찾은 만물이 기지개 활짝 펴고
이랑마다 즐거운 노래의 샘물 흐르자
겨우내 덤불 속에서 침묵하던 새들도
앞 다퉈 부드러운 봄노래 부르네

싱그러운 왈츠 풍의 봄의 소리 결에
넘어질라 조심하라며 쫓아오시던
다정한 어머니 목소리 들려와
얼른 뒤돌아보니 개울물 소리였네

산유화

그냥 산에 있는 꽃
산유화라 부르니
상상의 꽃인가요

나는 그대를 생각할 때면
정신이 번쩍 들더이다

스스로 존재하기에
먼 곳에 피어 있는 님이여
아름다운 꽃 피워내도
영원히 지지 않겠지요

행여 반가운 마음에
손을 내밀어 보아도
늘 저만치 혼자서
미소만 지으시네요

우리의 만남은
너무나 운명적이오니
이제는 안온한 품에 안겨
영혼의 평화 누리고 싶으오

봄꽃

세월은
바람결 따라 흩어지는
모래알이 아닙니다.
기억의 갈피 속에 잡혀가는
곱디고운 봄꽃입니다

겨울을 밀친 봄이
생명의 기지개를 펴며
침잠의 숲을 깨웁니다

산을 오르는 발걸음이
한결 가볍습니다

한 무리의 멧새들이
푸드득 거리며 날아오르면
새 생명의 숲길이
문을 활짝 엽니다

아늑한 그 길 따라
향긋한 봄바람 불어올 때
황홀한 연초록 가지마다
봄소식 주렁주렁 달립니다

꽃비 내리던 날

봄바람이 나부시 분다
꽃잎들이 무리지어
나비처럼 허공을 날다가
얼마 버티지 못하고
땅바닥에 흩어져 내려앉는다
화무십일홍(花無十日紅)이던가
기껏해야 일주일도 못 넘기는
기구한 삶이 안쓰럽기만 하다
사월이면 흰 모시치마저고리 입고
화사하게 나타나지만
오늘처럼 봄바람 불면
운명에 순종하듯
바닥에 꽃무늬 수를 놓는다
못내 아쉬워 아쉬워서
떨어지지 않는 손 놓고
어찌 헤어질 수 있으랴
이별의 아픔인가
땅거미 내릴 때까지
서러운 눈물만 흘린다

그 눈물
꽃비가 되어
마지막 남은 꽃잎마저 떨어지면
오가는 이에게 밟히기만 한다

고향길

전철을 타고
찾아가는 고향은
팔순이 다 되어도
늘 동심의 세계로 이끈다

차창 밖 과수원엔
뽀얗게 피어오르는
아지랑이 사이로
복사꽃 향기 퍼지고
너른 들판마다
모종내기 바쁘다

고향 논둑길
풋풋한 풀냄새
밭일 나간 빈집 지키는
순이네 검둥이도
잘 있는지 궁금하다

고향집에 당도하면
채마밭에서 푸성귀 뜯다
굽은 허리 펴시며

반갑게 맞이하시던 어머니,
오늘도 당신 생각에
눈가에 이슬만 맺힌다

행복해 진다는 것

인생에 주어진 사명은
다른 아무것도 없습니다
그저 행복해져야 한다는
그것 한 가지 뿐입니다

사람들은 행복해질 수 있는
여러가지 조건들을 가지고 있어도
그다지 행복하다고 느끼지 못합니다
그것은 사람들이 최선을 다해
행복을 만들지 않기 때문입니다

인간은 사랑하면서 사는 한
누구나 행복할 수 있습니다
주어진 조건 속에서
이웃을 사랑하는 마음만 가져보세요
그러면 언제나 행복해질 수 있답니다

이 세상에서 한 가지 중요한 것은
인간의 가슴 속에,
그의 깊은 영혼 속에,
사랑하는 마음을 갖추는 것입니다

오월 찬미

오월엔
모란이 핍니다
월계도 핍니다
온갖 어려운 일들이 닥쳐도
가슴마다 따스한 사랑 있어
가정의 달로 섬기니
어찌 대견한 계절이 아닐까
산을 오릅니다
하루가 다르게 자라나는
푸른 잎들을 마주하면
반가워 흐르는 눈물 감추고
살며시 잎에게 입맞춤 합니다
아무리 두견새 애달파 해도,
어여쁜 꾀꼬리 아양 떨어도,
봄 바람결 풍겨오는 풀 향에
흠뻑 젖어가는 사이
오월은 사랑을 속삭여 줍니다

찔레꽃 피면

태양이 눈부신 유월
푸른 숲길을 따라
나지막한 산허리를 돌면
여기저기 찔레꽃 덤불로 피어
짙은 향기를 피워냅니다

저 멀리 들려오는 뻐꾸기 소리
마음은 설레고
흐르는 뭉게구름 따라
그리운 옛날로 돌아갑니다

어린 시절이었습니다
우리 누나 시집가고
어머니 손잡고 외가에 가던 날
찔레꽃 곱게 핀 언덕에 오르자
당신은 찔레 순 꺾어 주며
'찔레꽃 필 무렵엔 딸네 집에도
못간다' 하시며 눈시울을 붉히셨지요

꿈마저 시들어버렸던
가난한 시절이었지만

당신은 늘 하얀 찔레꽃처럼
인자한 미소를 잃지 않으셨습니다

가냘프게 피어난 찔레꽃
오늘도 가까이 다가가니
만면에 웃음 띤
당신의 얼굴 보였고
숨 막힐 듯 퍼지는 강열한 향기는
당신의 살 냄새였습니다

어머니, 보고 싶습니다

무슨 맛에 사느냐?

오랜만에 동창회에 나갔더니
친구들이 이구동성으로
요즘 같은 세상에서
무슨 맛으로 사느냐며 한숨이다
아무 말 않고 듣고만 있었더니
한 친구가 날 보고
"자네는 무슨 맛에 사느냐?"고
정색을 하고 물어온다
그 질문에 주저하지 않고
"그냥 사는 맛에 산다"고 했더니
"무엇이 사는 맛이냐?"고 재차 묻는다
그래서 그걸 알기 위해 살아보지만
무엇이 사는 맛인지
삶인들 알겠느냐고 대답해줬다

진달래

눈이 부시구나
앞산 뒷산
저기 멧부리마다
난만(爛漫)한 것이
별천지(天地)로다

아마도 속으로 눌러났던
욕념(欲念)을 토해내듯
여울여울 붉었나보다

누가 너희를
이 욕계(界)로 내려 보내
봄바람 속에 는개처럼
너울거리게 했을까

지금 이대로 지나간들
연연(娟娟)한 너의 자태
꿈엔들 잊겠는가

6.
임자 없는 시

인연(1)
인연(2)
아버지 모습
7월의 밤
인생의 향기
임자 없는 시
하얀 밤 지새우며
비
그 길

인연 (1)

세월이란 장롱 속 깊숙이
넣어둔 그리움 꺼내서
황혼 빛 노을에 비추어보면
한낱 스치는 바람이었소

지나치면 덧없을 시절이지만
하늘 향해 두 손 번쩍 들고
소원 빌어보면 떠오르는 건
그대의 잔잔한 미소였소

그 땐 진정 몰랐었지만
청실홍실 곱고 질긴
인연의 끈에 매어 있는 건
내 반려자 당신뿐이었소

억겁을 지나온 만남이기에
은하수 저 멀리 있다 해도
별빛 따라 단숨에 달려가
끈 하나로 그 인연 잇고 싶소

인연 (2)

처음부터
우린 그리운 이웃이었다
그러니
더 이상 아무것도 바라지 않았다
눈 뜨면
더욱 커져만 가는 그리움

산다는 건
흐르는 구름과도 같은 것,
그리움에 견딜 수 없을 때
그땐 우리 꿈을 꾸자

우린 그저 좋은 인연으로
세상에 남아 있는 것,
바람으로 지나는 고요한 눈 뜸
어둠속에서도
언제나 빛날 수 있는 영원한 사랑

인연으로 남아 있는 한
고요한 자비로
모든 어려움 이겨낼 것이다

스쳐 지나는 소낙비에
의미를 부여하며
사랑하는 가슴을 안고
그 인연 이어가고 싶다

아버지 모습

공항까지 따라가서
유학길에 오르는
아들을 배웅하고
집으로 오는 길,
되돌아보고
또 보고
되돌아보았다
그 순간
방학 때면
고향에 갔다가
개학을 앞두고
상경하는 날
버스 정거장까지 따라 나와
차가 출발한 뒤에도
묵묵히 바라보시기만 하던
아버지 모습이 보였다

7월의 밤

뜨겁게 작열하던 태양
붉은 옷 벗고 서녘으로 숨으면
온종일 열광하던 하얀 모래사장은
철썩이는 파도소리 자장가 삼아
비단 이불 덮고 깊은 잠에 빠지겠지

갈매기 몰고 들어온 고깃배들
포구에 하나 둘 닻을 내리고
어디선가 바람 타고 들려오는
여름날의 노랫가락에 맞춰
저마다 마음의 노를 저어보겠지

별이 뜨는 바닷가 소나무 숲에서
타는 모닥불 가운데로 둘러앉은
선남선녀들의 해맑은 웃음소리
밤 깊어 가는 줄 모를 때
7월의 밤은, 그렇게
또 하나의 꿈을 수놓겠지

인생의 향기

발칸산맥의 장미는
한밤중에 가장 최적의
향기를 뿜어낸다

사람들은 이런 장미로부터
최고로 향기로운 향수를 얻으려고
가장 춥고 어두운 시간인 자정에
장미꽃을 수확 한다

인생 가운데 가장 향기로운 향기도
가장 극심한 고통 중에
나온다는 걸 안다면

베개에 눈물 적신 사람만이
별빛이 아름다운 걸 알 듯
고난 중에 영혼의 향기가
발산된다는 걸 안다면

절망과 고통의 밤에
비로소 삶의 의미와 가치를
발견할 수 있다는 것을
항상 기억해야 할 것이다

임자 없는 시

대상포진에서
통증이 시작되기 전에
일기를 쓴다

정강이까지 아파오면
편지를 쓴다
부치지 못할 것을
뻔히 알면서도

오늘처럼 당신 생각에
잠 못 드는 밤이면
임자 없는 시라도
한 줄 써야겠다

무정한 사람아
무정한 사람아
날 두고 떠난 사람아

하직을 말자고
아무리 외쳐도
나의 애절한 목소리는

눈밭을 건너는 바람에
묻혀버리나 보다

꿈속의 만남이니
허공을 떠도는
구름인가

하얀 밤 지새우며

흰 눈이 펑펑 쏟아집니다
밤새 내리는 눈이
누리를 덮어가는
시리도록 고요한 밤입니다

잠자리에 들 때면
살아온 한평생 돌아보며
이 생각 저 생각에
이리저리 뒤척여 봅니다

하얀 밤
하얀 산에 누워
당신은
무슨 생각을 하나요

나는 오늘도
하얀 밤 지새우며
당신 생각에
하얗게
밤을 지새웁니다

비

비가 옵니다
밤은 고요히 깊어가고
비는 창밖에서 속삭입니다
당신이 보고 싶어 왔다고
달은 이즈러져 희미하고
별은 눈물을 가득 머금고
따뜻한 바람 불어오더니
이 어두운 밤에 비가 옵니다
비가 옵니다
다정한 당신처럼 비가 옵니다
창을 열고 맞으려 하여도
보이지 않게 비가 옵니다
비가 옵니다
뜨락 위에도 나뭇잎에도
오직 나만을 사랑한다는 말
내 가슴에 전하는 비가 옵니다

그 길

노을이 질 무렵
영인산 고개를 넘다
소나무 숲 사이로
작은 오솔길에서
잠시 새소리 들으며
앉아 있노라면
읍내 장에 가셨던 엄마
큰 보따리 이고
오느라 힘들어도
모가지 길게 늘인 채
눈 빠지게 기다릴
어린 자식들 생각에
그 기로 한달음에
달려오실 것만 같다

7.
위대한 고백

할미꽃 당신
세모
위대한 고백
여백
하나님
영웅의 이름으로
아침이여 오라
외로운 길
마음의 등불
한겨울 밤

할미꽃 당신

꽃이 벙글 땐 미처 몰랐습니다.
꽃이 지고서야 알았습니다
얼마나 소중하고 아름다운 꽃이란 걸

할미꽃 당신의 흔적들
가는 곳마다 마주칩니다
눈을 감으면 더욱 또렷해지는 당신
언제나 미소 짓는 얼굴입니다

밤마다 집에 들어서면
냉기가 감돌아 가슴이 시립니다
시간이 약이라고들 하지만
시간은 좀처럼 가질 않네요

오늘도 나는 할 일 없이
그리움을 시나브로 잊어보려고
할미꽃 당신을 시로 써 봅니다

세모

바람으로 왔다
바람으로 가는 게
세월인가

지금 그것을
붙잡을 수 없으니
안타깝구나

세모에
할 수 있는 일이란
지나온 세월을
반추해 보는 것 뿐

꽃 피는 봄날
몰아치던 광풍에
입은 알몸의 상처
이제라도
바람에 날려 보내면

다가올 새 봄엔
예쁜 제비꽃으로
다시 피어날까

위대한 고백

나는 잃었다
동산에 핀
할미꽃
그냥 지나치다가
그만 잃었다.

동산에 오를 때면
늘 마주치던
그 꽃
구름을 머리에 이고
바람을 허리에 감고 있던
그 꽃

병들어 가도
숙명인양 치부하고
긴장하거나
치열하게 고민하지 않다가
그만 잃었다

다시 필 수 없는
그 꽃
홀로 피어 있어도
동산 가득하던
그 꽃

여백

날마다 보고파 그리울 때면
언제든 찾아와 편히 쉬라고
가슴 한 켠 비워두었다

사랑이란 이름으로 다가와
여백을 가득 채운다 하여도
어딘가 허전할 것만 같다

그래도 잠시 머물다 가면
정 두고 떠난 당신이지만
그대 심장소리 들리는 것 같다

사무치는 그리움 진정시키려고
하염없이 먼 산 바라보며
별이 되어 나타나길 기다린다

어차피 이별할 운명이지만
텅 빈 가슴 눈물로 채운다는 것
당신 말고 누가 알아줄까

하나님

햇살은 여러 갈래이나
해는 하나입니다

나무 잎은 많지만
뿌리는 하나입니다

세상에 사람은 많지만
뿌리는 하나입니다

그래서
하나님입니다

영웅의 이름으로

푸른 하늘이 붉게 물든
그날,
조국의 부름에
망설임 없이
총 들고 나아가신
그대들이여,

차가운 땅을 딛고 선 채
뜨거운 피로 지켜낸
강산,
그대들의 숨결로 우리는
숨 쉽니다
한줌의 두려움도
허락하지 않고
포연 속에서도 흔들리지 않던
용기,
그 희생 위에 오늘의
우리가 서 있습니다

이름 모를 들꽃처럼
스러져 간 영혼들이여,

우리는 기억 합니다
그대들의 고귀한 뜻을,
그대들의 끝없는
사랑을,

6월의 바람이 불 때마다
그날의 함성이
메아리치고,
우리 가슴에 다시
새깁니다

6.25 아침에

아침이여 오라

괴로워하거나
슬퍼하지 말자
이제 곧 평온이 오리라
동이 트며
하늘 문이 열리면
찬란한 아침이 되리라

비둘기 하늘 높이 날고
남녘으로부터 부는 훈풍에
뭇 생명들 기지개 펴면
꽃 같은 아름다운 행복이
그대 가슴 속에서
활짝 피어나리라

황혼이 서쪽 하늘을
빨갛게 물들인다 해도
잠시만 기다리면
밝은 태양은 또 다시
환한 미소를 띠고
불끈 솟아오르리라

외로운 길

낙엽이 진다고 슬퍼하지 마라
낙엽이 떨어져야 나뭇잎은 부활한다

슬픔은 이별하지 않으면
느낄 수 없는 하나님의 선물이다

슬퍼보지 않은 사람은
이제껏 본 적이 없다

이 세상에 올 때도
저 세상으로 갈 때도
혼자 걸어가야 할 인생길

낙엽이 진다고 슬퍼하지 마라
혼자 걸어가야 할 외로운 길이다

마음의 등불

당신은 등불이었습니다
내 마음의 등불이었습니다.

당신의 눈빛은
늘 그윽하고 빛났습니다

당신의 목소리는
언제나 다정했습니다.

당신의 가슴은
항상 포근하고 따뜻했습니다

그래서 당신은
나의 영원한 사랑입니다.

한겨울 밤

당신을
생각하다가
잠이 들었습니다

당신을
꿈속에서
만났습니다

당신을
만난 시간이
행복했습니다

8.

반달

강(江)
이별
빈방
산다화(山茶花)
반달
천사의 눈물
할미꽃 한 송이
천둥
여자의 길
그리움

강江

흰 구름
부끄러운 듯
살며시 다가오면
강은
아무 말 없이
가슴으로 품는다

흐르는 물결 따라
동무삼아
흘러가다
그리움만 남기고
떠나가면

내 마음은
괜스레
서글퍼져
가슴으로 운다

이별

바람이 스치듯 그대는 떠나갔고
남겨진 말들은 눈물로 젖는다

손끝에 닿던 온기의 기억마저
찬이슬 되어 가슴을 적신다

한잔 술에 떠오른 얼굴
술병에서 별이 떨어지고
별은 내 가슴에 부서진다

그대 없는 길 낯설기만 한데
시간이 지나면 맑아질까
아니면 더 흐려질까 두렵다

빈방

당신
하늘나라에
보내드리고 나서
집으로 왔더니
텅 빈 방만
기다리고 있었습니다

산다화山茶花

오늘도
늦은 겨울눈이 내리고 있다
눈은 산다화를 적시고 있다
산다화는
눈을 기다리듯이
입을 크게 벌리고 있다
산다화의
붉은 입술은
눈송이를 유혹하고 있다

반달

하아얀 면사포로
예쁜 얼굴 가리고
밤에만 향기 뿌리며
사뿐사뿐 거니는
어여쁜 반달

하늘의 별과
땅의 꽃들을
징검다리 삼아
우주를 가로질러
내게로 다가 오셨다

천사의 눈물

당신의 눈물은 언제나
장미꽃 잎에 맺히는
아침이슬이었습니다

이슬은 붉은 태양이 솟으면
영롱한 빛의 날개를 달고
천사처럼 하늘로 올랐습니다
당신의 눈물도 그랬지요.

그리움은 해종일
푸른 잎사귀에 앉아
세월의 악기를 연주하고
바다에선 갈매기가
커다란 깃을 떨치며
하늘로 날아올랐습니다

당신의 눈물은 언제나
장미꽃 잎에 맺히는
아침이슬이었습니다

할미꽃 한 송이

깊어가는 가을밤
누구일까
홀로 깨어나
내 영혼을 말없이
맞아들이는 이는

나는,
한 자루의 타오르는
하얀 촛불
스스로 몸을 녹여
그의 영혼에 깃든다

하늘에선 유성 하나
긴 꼬리를 끌며 지나가고
그 사이 사랑을 잉태한
한 송이 할미꽃은
활짝 피어났다

천둥

순리에 따라
지는 꽃은
꽃비로 내리지만

불의로
지는 꽃은
송이 째 꺾이어 나간다

그래서
하늘도 서러워서
먹구름 찢고
그렇게 천둥치며
울었나 보다

여자의 길

그 옛날,
시집올 때 입었던 연분홍치마
노오란 봄바람에 휘날릴 때
날아온 노랑나비 나래 위에
부픈 꿈 가득 실어보았지요

하지만,
세월 따라 흘러온 바람결에
그 꿈 사라진지 오래됐고
저녁노을 황홀한 강가에 서니
늘어난 잔주름살만 여울지네요

어쩌다,
부부 동반해 여행 한 번 못가보고
맘 놓고 영화 한 편 못 봤어도
보내버린 청춘이 아깝지 않으니
무의미하게 살아온 건 아닌가 봅니다

그래도,
시부모 모시고 자식 낳아 키우고

오로지 한 남자만 바라보며 하며
사랑으로 부푼 가슴 억눌러 살다보니
이게 '여자의 길'인가 알게 되었답니다

그리움

그리움이 쌓이면
미움이 된다지요

당신의 그리움은
지금 어디에 있나요

내 그리움을
한 바가지 떠다가
당신의 목마른 가슴에
쏟아 부어주리다

언젠가 당신이 그랬지요
당신의 그리움이
난만한 천둥으로 오면
내 그리움은
부서질 듯 떨며
날아가는 한 마리
나비가 될 거라고요

그날이 언제일까요
무척 기다려집니다

9.
9월이 오면

사랑
저녁 바닷가
달
단풍
폭염
여름 한낮
가을이 오는 소리
장맛비
9월이 오면
독백

사랑

사랑은 도대체
무엇인지
알 수가 없는 것이
오리무중이다

그래서 인지
눈으로 볼 수도 없고
손으로 만지기는
더 더욱 어렵다

하지만
한 가지 분명한 것은
높은 하늘처럼
깊은 바다처럼
사랑은
무한하다는 것이다

저녁 바닷가

갈매기들이
고운 해변 모래밭에
발자국 남기고 나면
파도는 밀려와
그 무늬 지우기를
반복한다

소라껍질은
바다 속 온갖 소식들
전해주고
수평선 너머로
가라앉는 붉은 태양
바다를 붉게 물들인다

날이 점점 어둑해 지면
크고 작은 어선들
어항 찾아 들어와
닻을 내리고
바다는 몇 번 출렁이다가
이내 깊은 사색에 잠긴다

달

욕심을 버린다는 것은
쉬운 일이 아니다

마음을 비운다는 것은
더욱 어려운 일이다

세상이 어지러우면
인생의 길에 가르침을 준
성현(聖賢)의 말씀을 생각한다

조금씩 비우며
늘 낮은 곳에 임함은
무척 힘든 일이나

달을 바라보면
시간이 지나면 차고
다시 비워진다는 것을
알 수 있다

단풍

단풍이 떨어집니다
한 잎 두 잎 떨어집니다

핏빛 산속에서 살다 지쳐
그만 모든 걸 내려놓았나 봅니다

단풍이 떨어집니다
한 잎 두 잎 떨어집니다
갈바람에 더는 버틸 수 없어
잡았던 엄마 손을 놓았나 봅니다

단풍은 흐르는 냇물에 몸을 싣고
다시 못 올 곳을 향해 갑니다.

폭염

온종일 폭염으로 달구어진 아파트
어둠이 깔려도 집요하게 달라붙는
무더위는 쉽게 떨쳐낼 수가 없다
멀리서는 남극의 얼음이 녹아내리고
가깝게는 컵 속의 얼음이 녹는 계절
오랜 기간 코로나로 집안에 갇혀있다 보니
몸도 마음도 녹아내릴 것만 같다

갑갑한 마음에 동네 마트에 갔더니
대파 한 단에 5천원,
계란 한판에 만원이라 적혀있다
없던 열이 오르고 속만 까맣게 태웠다

저녁나절 견디다 못해 바람 찾아
반바지 차림에 집밖으로 나갔으나
매미들만 자지러질 듯 울어댄다

견딜 수 있는 한 견뎌야 산다
그것 말고는 다른 방도가 없다
하지만 다 녹고 지쳐버린 육신
부족한 에너지를 어디서 채울 수 있을까

길고 긴 여름밤
오늘 밤도 하는 수 없이
홀로 무풍의 슬픔을 견뎌낸다

여름 한낮

아파트 단지 전체가 고요하다 못해
적막의 늪에 빠져 있는 듯하다

태양은 중천에서 이글거리고
거리마다 인적은 드물다

이른 아침부터 울어대던 매미는
더위에 지쳤는지 잠잠해지고

고양이는 상가건물 모퉁이로 가서
다리를 쭉 뻗고 낮잠을 청한다

졸린 눈을 껌벅이는 비둘기는
가까이 가도 날아갈 줄을 모른다

할머니는 정자 안 의자에 앉아
연신 부채질만 해대고

동네 꼬마는 이마로 흐르는 땀을
손으로 훔치며 매미 찾아 헤맨다

세상 걱정에 밤새 뒤척이다
퀭해진 눈으로 세상을 관통해 보니

폭염도 폭정도 자연의 섭리대로
지나간다는 희망에 생기가 돈다

가을이 오는 소리

어둑해질 무렵
마을길을 걷는데
불어오는 시원한 바람에
나뭇가지 흔들리고
잎들이 하나 둘 떨어진다

이게 무슨 소리인가 하여
가던 길을 멈추고
사위를 둘러보니
바람은 벌써 저만치 달아나고
하늘엔 별이 빛난다

어느 누구 하나
아는 체 않고
무심히 스쳐가는 행인들
거리는 쓸쓸한데
흔들리는 나뭇가지 사이로
가을이 오는 소리 들린다

아, 세월아
한여름 무더위에

지치던 날 엊그젠데
어느새 이렇듯
소리 소문 없이
빨리도 흘러가느냐

장맛비

장맛비가 내리면
누렁이는 외양간에서 드러누워
우두커니 세상을 바라보고

들녘에 나가셨던 아버지는
비에 젖은 바지를
정강이까지 올리고
삽자루 둘러메고 집으로 오셨다

땡볕에 달구어진 지구도
이 때만은 쉬는 시간이다

장맛비가 내리면
빨래를 걷어 들이고
장에 가신 엄마 돌아오실 때만
눈이 빠지게 기다렸다

자전거를 타고 빗속을 달려온
우편배달 아저씨
서울로 유학 간 형님 편지
툇마루에 던져놓고 돌아가면

나무들은 비바람에 춤추는데
처마 밑 제비 새끼 세 마리
배고프다 울어대고
어미는 먹이 찾아 창공을 날았다

뜰에 핀 붉은 장미
수줍은 듯 고개 숙이고
떨어지는 장맛비 낙수소리
듣고 있노라니
아슴푸레 떠오르는 옛 동무 얼굴
지금 어디서 무얼 하는지
보고 싶구나

9월이 오면

그 땐 온종일 나는
소중한 사람과 함께
향긋한 코스모스 길을 걸으리라

산들바람 부는 하늘에
피어나는 뭉게구름이
눈부신 궁전을 짓는 동안

황금물결 치는 들판을 향해
그녀는 노래를 부르고
나는 아름다운 시를 낭송하리라

파란 하늘이 은혜처럼 쏟아질 때
마음과 마음으로 걸으며
이름 모를 새들에게 나는 말하리라

인생은 별게 아니고
그냥 즐거운 거라고
9월이 오면

독백

날아갔다
커피 잔에 커피가 증발하듯
그렇게 시간은 가버렸다

다시 해가 지고 달이 뜨고
세월만 빠르게 흐른다

이 소음과 분진의 세상
살아간다는 게 기적이다

날이 밝으면
지축을 흔드는 소문들이
쏟아져 들려올 것이다
모두 그 누군가의 독백이다

세상 모든 것이 독백이듯
나도 그렇게 독백으로
세상을 산다

■ 작품해설

위대한 고백

신 상 성
문학평론가. 서울문예디지털대 초대총장

　장석영 시인이 이번에 두 번째로 제1/2권으로 시집을 발간했다. 시집 제목은 '위대한 고백'이다. 두번째 시집의 정신적 근저도 첫 번째 시집과 같이 F.니체의 철학성과 일치하고 있다. 니체의 '인간적인 가장 인간적'인 책의 핵심 사상은 인간성의 회복과 기존 체제를 뒤엎는 혁신적 창조성이다. 외부적 강압에 의한 인간성 훼손에서 우리들은 스스로 강력한 재창조로 진정한 자유를 찾아야 한다.
　최근 전 용인대 총장 이상찬 교수가 펴낸 낸 책 제목 '가장 부드러운 것이 가장 강한 것이다'를 다시 환기시키기도 한다. 평생 유도선수와 체육 지도자로 살아온 이상찬 총장은 물리적인 힘으로서는 한국 유도계에서 가장 강했지만, 평소에는 가장 인간적이고 부드러운 품성으로 살아왔다. 앞장 서서 주장하기보다 늘 한발 물러서서 수동적으로 포용하는 삶의 자세였다.

이 세상에서 가장 부드러운 '어머니의 힘'을 능가하는 큰 힘은 없다. 여기에 덧붙여 장석영 시인은 그 여성의 힘 속에 '아내의 힘'도 이 시집 '위대한 고백'에서 크고 위대하게 진술했다. 아내는 어머니이자 누님이며 여성이라는 영혼적 생명감을 찾아내어 부각시킨 것이다. 부드러움만큼 위대한 힘은 없다.

'柔道'의 성격 자체가 공격적이기보다 수동적이다. 유도는 먼저 남을 공격하지 않는다. 상대방이 공격해 오면 그때서야 상대의 공격적 힘을 역으로 되받아 부드럽게 상대를 제압한다. 논어에서 말하는 '柔能制剛'이다. 이것을 한국유도의 대부 이제황 선생이 용인대를 창설하면서 학생들에게 무도정신의 참뜻을 일깨워 준 것이다. 그의 수제자인 이상찬 총장이 그 교훈을 평생 몸으로 실천한 것이다.

1. 니체의 초인과 華嚴思想

F. 니체의 초인 Übermensch 사상도 이육사가 그의 시 '광야'에서 외친 외침과 다르지 않다. '超人'이 아니

라 草人이다' 어떤 뛰어난 超人이 아니라 들풀과 같이 부드럽고 편한 들판의 풀꽃 草人이다. 니체와 육사가 주창한 초인의 생리는 그 환경과 여건은 다르지만 원초적 인간성 강조로서 '부드러움'이 하나로 일치된다. 그 그물망은 첨단기계 세상으로서 지금 AI 시대에도 여전히 유효하다.

  니체가 주먹질하는 분노는 '기존체제의 해체와 극복의 문제이다' 바로 새롭고 혁신적인 발상과 실천이다. 변혁적 존재감과 자유로운 창조적 가치관을 재정립해야 한다는 철학적 이상이다. 이것은 21세기 첨단 물질문명 사회에서도 긴요한 인본주의 사상이다. 이러한 용기와 창안만이 실존주의와 기계적 포스트 모더니즘을 스스로 극복해 나갈 수 있는 정신이다.

  니체의 능동적 허무주의는 비관적 체념이 아니라 오히려 '허무하기 때문에 허무하지 않게 살아야 한다는 반어적 대명제'이며 불교철학 華嚴經의 주제이기도 하다. 기존의 부르조아 독재적 권위와 동시에 프롤레타리아 파괴적 위험성의 양극화 사회구조를 비판한 것이다. 즉 개성적이며 평등하고 자유로운 사고와 인본주의적 자기실현을 강조한 것이다.

위대한 고백

나는 잃었다
동산에 핀
할미꽃
그냥 지나치다가
그만 잃었다

동산에 오를 때면
늘 마주치던
그 꽃
구름을 머리에 이고
바람을 허리에 감고 있던
그 꽃

병들어 가도
숙명인양 치부하고
긴장하거나
치열하게 고민하지 않다가
그만 잃었다

다시 필 수 없는
그 꽃
홀로 피어 있어도
동산 가득하던
그 꽃

동산에 핀 할미꽃을 보고 새삼 우주의 생명감을 확인한 것이다. 누구도 주목하지 않는 늙은꽃, 할미꽃이 왜 장 시인에게는 유난히 니체적 상상으로 '위대한 고백'을 하게 만들었을까? '동산에 오를 때면, 늘 마주치던 그 꽃, 구름을 머리에 이고 바람을 허리에 감고 있던 그 꽃' 그냥 지나치곤 하던 할미꽃이었다. '병들어 가도 숙명인양 치부하고 긴장하거나 치열하게 고민하지 않다가 그만 잃었다.'

장 시인은 새삼 무엇을 '그만 잃었다'는 것인가. 이 시의 키워드는 그가 위대한 것을 잃었다는 자각이었다. 이것은 바로 김지하의 생명존중 사상 풀꽃의 재발견이다. 김지하는 유신시절 감옥에 갇혀 있다가 석방되어 나올 때, 돌계단 사이에 조그맣게 피어있는 민들레를 우연히 발견하고 그 자리에 주저앉아 울었다. 아주 보잘 것 없는 풀꽃 민들레의 존재감과 생명감에 새롭게 감동한 것이다.

세속적인 구속과 자유 문제에서 더 큰 우주적 혜안의 존재와 비존재 문제에 부딪힌 것이다. 이후 그는 우리 민족 태초 고조선 시대 단군의 '律呂思想'으로 회귀되어 함몰되었다. 우주만물의 생명 존재사상 샤머니즘 연구에 여생을 바쳤다. 평생 박정희의 유신독재에 대한 정치적 저주와 복수로 항거했지만 인위적인 쓰잘데 없는 쓰레기 같은 인공적 행위일 뿐이었다는 자각이다.

장석영 시인 또한 뒷동산 흔히 지나치던 일개 할미꽃을 보고 우주의 존재론에 자신의 존재문제에 새롭게 눈을 뜬 것이다. 니체가 주창한 새로운 자각이며 지각이다. '다시 필 수 없는 그 꽃은 홀로 피어 동산 가득하던 그꽃' 할미꽃이었다. 김지하가 재발견한 민들레와 장석영이 재각성한 할미꽃의 생명감은 우주 존재론적 샤머니즘과 일맥상통하는 주제성이다.

장 시인이 재발견한 '위대한 고백'의 대상이 된 할미꽃은 바로 어머니이자 아내이며 동시에 그리스도 예수이다. 이 세상에 존재하는 스스로의 존재 이유이며 거울이다. 그러나 할미꽃도 한 세상 지내면 스러지고 죽는다. 인연법에 의해 이 세상에 태어난 모든 생명체는 죽게 된다. 苦集滅道, 태어났으니까 죽는 것이다. 태어나지 않았다면 죽지도 않는다.

김지하는 나중에 박근혜와 악수하며 세상과 화해한다. 이 사실을 두고 좌파문학 본거지인 '작가회의' 백낙청 등은 손가락질하며 변절했다고 비난했다. 김지하의 장례식에도 냉담했다. 물론 화해한다고 해서 뭐가 달라지거나 풀리는 것도 아니지만 어쨌든 우리가 살아가는 세상은 용서하고 화해하고 평안하게 살아가는 것이

현명하지 않을까. 갈등과 회한으로 대결하기보다 최소한의 양심과 지혜로 평화는 유지되어야 할 것이다.

2. 우주의 시간, 가을의 시간

'桓檀古記'에서는 단기 4358년 이제 우주의 나이가 '가을의 시기'로 접어들었다고 예고해 놓았다. 가을은 낙엽이 떨어지는 추락의 계절이 아니라, 열매가 맺히는 추수의 계절이다. 우주만물의 생명체가 봄, 여름을 거쳐 결과물 결정체를 수확하는 열매의 계절이다. 그래서 중동 문명 유프라테스강 일대에서는 고래로 추수감사절이 있었다. 이 축제가 유럽으로 건너가 오늘날 기독교 주요 행사인 크리스마스로 연결된 것이다.

신라 崔致遠이 백두산 깊은 골짜기 바위에 새겨진 碑文을 발견했다. 그 비문은 단군시대 桓國의 옛 문자 가림토 글자였다. 이를 한자로 번역하여 '천부경' 이름으로 오늘날까지 전해지게 된 것이다. 81개 한자로 구성된 '천부경'은 고조선 桓因의 철학으로서 神市開天 이후 鹿圖文으로서 역대 桓雄의 단군시대를 거쳤다. 이후 그대로 오늘날까지 전승되어 왔다. 세계에서 가장 오래된 경전이며 '삼일신고' '태백일사' 등과 함께 우리 민족 삼대경전 중의 하나이다.

가을밤

귀뚜라미 노래하는 창 밖에
달빛이 밀물처럼 밀려오네요

달은 창문을 지나 거실로
조용히 들어와 앉네요

동해바다 물결처럼
푸른 가을밤입니다

당신도 저 높은 곳에서
저 달을 보고 계시겠죠

허공을 향해 띄우는
나의 독백이랍니다

장 시인은 이 가을날 아내를 다시 불러 속삭였다. '귀뚜라미 노래하는 창 밖에 달빛이 밀물처럼 밀려오네요/ 달은 창문을 지나 거실로 조용히 들어와 앉네요/ 동해바다 물결처럼 푸른 가을밤입니다' 달빛이 밀물처럼 밀려와 거실로 조용히 들어와 앉네요. 당신이 앉았던 그 소파에 달빛이 앉아서 나를 쳐다보고 있네요.
  '당신도 저 높은 곳에서 저 달을 보고 계시겠죠. 허공을 향해 띄우는 나의 독백이랍니다' 늘 당신이 그랬듯

따뜻한 미소로 나를 쳐다보고 있네요. 나의 갈빗대 반쪽이 날아간 아내에 대한 절절한 그리움이다. 평생 약국을 운영하던 아내는 평생 남편과 가족의 건강을 지키는 약사이기도 했다. 다음은 아내의 손목을 끌고 자주 가던 고향집을 찾았다.

전철을 타고/ 찾아가는 고향은/ 팔순이 다 되어도/ 늘 동심의 세계로 이끈다// 차창 밖 과수원엔/
뽀얗게 피어오르는/ 아지랑이 사이로/ 복사꽃 향기 퍼지고/ 너른 들판마다 모종내기 바쁘다// 고향 논
둑길/ 풋풋한 풀냄새/ 밭일 나간 빈집 지키는/ 순이네 검둥이도/ 잘 있는지 궁금하다. (- 고향길)

시인 장석영은 아내를 잃은 후 고향인 충남 아산으로 구두코를 자주 옮겼다. 8학년 고령으로 승용차를 몰 수 없어 지하철로 그리운 고향을 찾아간다. 고향에는 돌아가신 부모님과 가까운 친척들이 있을터. 특히 같이 손잡고 걷던 아내의 그림자도 있다. '고향집에 당도하면 채마밭에서 푸성귀 뜯다가 굽은 허리 펴시며 반갑게 맞이하시던 어머니의 그림자도 있다. 오늘도 당신 생각에 눈가에 이슬만 맺힌다' 누구에게나 고향 앞에 서면 태극기 앞에서 애국가를 부르는 듯한 가슴 설렘이 먼저 다가온다.

우주의 최초의 경전 '천지인'에서 말하는 三極은 周易의 陰陽中 수리철학과도 일치한다. 주역의 뿌리는 원래 단군시대 桓易에서 파생되어 나온 것이다. 불교철학 眞我一如, 가톨릭의 교리 三神合一 사상 등이 다 우주의 본체인 태극과 無盡本 사상에서 나왔다.

3. 우주사상과 섭리

노년이 되면 더욱 고향길과 고향집이 그리워진다. 죽음에 가까워질수록 처음 태어난 고향의 흙냄새를 맡고 싶은 것이 본능인가 보다. 여우도 죽을 때는 머리를 고향쪽으로 두고, 연어도 태초에 태어난 바닷가를 향해 수백만 km를 거슬러 오른다. 죽어야 또 다음 세상에 또 환생할 수 있는 게 아닌가. 우주의 생명체가 죽지 않고 영원히 살게 된다면 지구는 어떻게 될 것인가.

장 시인의 다음 시편 '아버지의 모습'에서는 아버지에 대한 소환이다. '공항까지 따라가서 유학길에 오르는 아들을 배웅하고 집으로 오는 길, 되돌아보고 또 보고 되돌아 보았다'며 서두를 꺼내었다. '그 순간 방학 때면 고향에 갔다가 개학을 앞두고 상경하는 날, 버스 정거장까지 따라나와 차가 출발한 뒤에도 묵묵히 바라보시기만 하던 아버지 모습이 보였다. (- 아버지 모습)

이제 어머니도 아버지도 그리고 아내도 잃어버린 상실의 세상이다. 그러나 누구에게나 부딪히는 우주의 질서이며 순리이기도 하다. 고집멸도, 생노병사는 누구도 거역할 수 없으며 진시황 같이 거역한다고 되는 것도 아니다. 그래서 우주 최초 한민족의 경전 '천부경'에서는 블랙홀로 태어난 우주의 3원소 '천지인'에 각각 개체 고유의 1- 2- 3 숫자를 부여한 것이다.

'天符經'에서는 '析三極 無盡本'(석삼극 무진본) 天/地/人(하늘 땅 사람)은 우주의 근원으로서 무한하다고 했다. 세 개의 극으로 나뉘어 있어도 그 근본은 변함이 없다. 극極은 眞如, 無極 으로서 우주의 존재이며 본체이다. 하나의 생명체 우주가 세 개로 나누어진 것이 천지인 三神이다.

천지인은 1- 2- 3 이라는 개별적 고유수를 소유하고 있으면서도 동시에 1이라는 공통수에 모두 함재하고 있다. 그래서 1-1, 2-2, 3-3 두 개 수의 조합으로 나타내었다. 주역에서는 이것을 우주의 삼원색 赤靑黃 (붉고 푸르고 누런) 세 개의 원색으로 三太極을 나타내기도 했다. 우리나라 태극기 같은 삼태극이다.

'천부경'에서는 三神이 이 세상에 나타나는 모습이 달라도 그 본질은 하나라고 했다. 만유일체 하나의 사상이 셋으로 분산되어 나타난 것이다. 다음의 '늙는게 좋다'에서 늙음을 체념하는 게 아니라 자연스런 순응이다.

> 사람들은 대체로 늙는다는 걸 싫어하지만
> 하루하루 늙어가는 나는 오히려 늙는 게 좋다
> 귀가 어두워져 듣기 싫은 소리 안 들으니 좋고
> 눈이 흐릿해져 못 볼 것 안 보니 좋다
> 여기에 흰 머리칼 많아지니 버스나 전철 타면
> 젊은이들이 앞 다퉈 자리 내줘 좋고
> 일찍 자고 일어나면 멋진 시구(詩句)도 얻어 좋다
> (- 늙는 게 좋다)

우주의 섭리는 빨리 순응의 의미를 깨칠수록 좋은 것 같다. 장 시인은 여기에서도 덧붙였다. '때론 인터넷으로 고전음악부터 현대음악까지/ 마음대로 골라 들을 수 있으니 좋고/ 이따금 인생 동반자와 아름다운 산천 찾아/ 동행하면서 주님의 은혜 만끽하니 좋다/ 집안에선 한가히 누워 손자 녀석/ 재롱떠는 모습에 시간 가는 줄 모르니/ 이만하면 살기 위해 동분서주 하는/ 젊은이들 신세보다야 훨씬 낫지 않은가

지극히 속물적, 실용적이면서도, 지극히 인간적, 철

학적인 장석영의 솔직한 모습도 보게 된다. 평생 신문기자이며 전공도 정치외교학과 출신으로서 현실감각이 탁월하다. 그러면서도 그 이면에는 눈물 많은 시인의 인간적 눈물샘도 놓칠 수 없다. 평소에도 꾸밈이 없는 솔직한 서민의 모습을 보여준다.

생명의 존재론적 문제는 불교철학의 自在佛性, 眞如 개념이기도 하다. 천도교 '人乃天'(사람이 바로 하늘이며, 하늘이 바로 사람이다) 인간의 존엄성, 우주만물의 생명존중 샤머니즘 정신이다. 샤머니즘은 곧 홍익인간 단군사상이다. 단군시대 동이족 사상이 고대 불교에도 영향을 주었을 것이다. 즉 동이족의 근원사상인 不生不滅, 色卽是空 등은 우리 한민족의 삼신사상이었다.

고조선 시대 유일하게 남아 있는 '公無渡河歌' 핵심 주제인 강(河)은 우주 생사에 대한 운명의 강을 상징한 것이다. 그런데 식민사관 친일역사가들은 '백발 노인이 술 취한 채 술병을 들고 강을 건넜다'고 '공무도하가'를 일방적으로 무시해 버렸다. EBS 또는 교과서에까지 우리민족을 폄훼하고 왜곡하고 있는 현장이다.

이러한 역사왜곡에 분노하는 시인 장석영은 대한언론에 '건국 대통령 이승만에 대한 재평가' 등도 강력하게 추진해 오고 있다. 독실한 크리스천이면서도 어머니의 흔적이 그대로 남아 있는 불교철학 사상도 한켠에 잠재되어 있다. 아니 그는 종교차별이 없으며 유교적 전통사상도 매우 존중하고 있는 언론인이자 서민적 문학가이다.

 또한 그는 지금도 틈만 나면 용인묘원 아내에게 달려가 풀잎으로 덮여진 초여름 풀이불을 다리미로 다리고 손끝으로 풀을 뽑아주고 온다. 니체가 소리친 '인간적인 가장 인간적인' 행정학박사 장석영 시인의 세 번째 시집을 통독하면서 조금 그의 속내 편린의 체온들을 속속들이 짚어 보았다.

위대한 고백

초판 인쇄　2025년 6월 2일
초판 발행　2025년 6월 9일

지은이　장석영
발행인　임수홍
편 집　맹신형

발행처　한국문학신문
주 소　서울 강동구 양재대로 114길 32　2층
전 화　02-476-2757~8　　　　**FAX** 02-475-2759
카 페　http://cafe.daum.net/lsh19577
E-mail　kbmh11@hanmail.net

값　15,000원

ISBN　979-11-7437-001-3

· 저자와의 협약에 의해 인지는 생략합니다.
· 이 시집의 글은 저작권법에 따라 보호를 받는 저작물이므로 저자와 출판사의 동의 없이는 무단 전재 및 무단 복제를 금합니다.

· 잘못된 책은 바꾸어드립니다.